Italien

Klassische Reiseziele

Die Medici-Villen in der Toskana

Gianni C. Sciolla

Atlantis

Ins Deutsche übertragen von
Doris Gottwald

Redaktion
Dr. Dieter Struss

Titel der Originalausgabe
Ville Medicee

Herausgeber der Reihe
Silvio Locatelli und Marcella Boroli

Lizenzausgabe 1989 für
Manfred Pawlak Verlagsgesellschaft mbH, Herrsching

Printed in Italy, New Interlitho S. p. a. – Trezzano
ISBN 3-88199-614-1

Antike Architektur als Humanistisches Ideal

Ferdinando I., Großherzog der Toskana, erteilte um das Jahr 1598 dem in Carrara lebenden flämischen Maler Giusto Utens den Auftrag für eine Reihe von Lünetten, die den großen Saal der Villa Artimino schmücken sollten. Diese Gemälde stellten die Medici-Villen detailgetreu, in einer Art »Vogelperspektive« dar und gelten als wertvolle Zeitdokumente. In exemplarischer Weise zeigen diese Bilder aus der Spätrenaissance aber auch den Reichtum der Medici und die Pracht ihrer Besitzungen. Außerdem bilden sie eine Art Katalog, der die verschiedenen Wohnsitze des Hofes während der vier Jahreszeiten aufzeigt, wobei Artimino als Idealwohnort galt.

Auf der Suche nach dem besten Klima und guten Jagdgründen wechselten die Medici bereits Ende des 16. Jahrhunderts immer wieder den Ort ihrer Landaufenthalte. Dokumente dieser Ortswechsel innerhalb der Toskana von einer Gegend in die andere sind die Briefe des Großherzogs Ferdinando: »Im Winter genieße ich die Freuden der Jagd und durchwandere meine Ländereien, da dort die Luft ... in dieser Jahreszeit besser ist als in der Stadt, und während ich mich entsprechend den Jagdmöglichkeiten allmählich immer weiter entferne, finde ich mich schließlich nach Weihnachten in Pisa wieder, wo das Klima wesentlich milder ist.« Und weiter: «... Und dann bin ich hier in der Villa di Poggio angekommen, da ich, je nach den Jagdmöglichkeiten von einem Landsitz zum anderen umzusiedeln pflege ...« In den vierzehn Lünetten, die den großen Saal von Artimino schmücken, werden alle zwischen 1451 und 1595 erbauten Medici-Villen dargestellt. Ein Teil dieser Landsitze stammt aus dem Spätmittelalter (14. Jahrhundert) und wurde seit der zweiten Hälfte des 15. Jahrhunderts umgebaut; andere Landsitze entstanden ganz neu zwischen dem Ende des 15. Jahrhunderts und den Anfängen des 16. Jahrhunderts; die dritte Gruppe der Landhäuser schließlich stammt aus dem 16. Jahrhundert, wobei es sich hier um wiederaufgebaute Villen des 15. Jahrhunderts handelt. In ihrer Gesamtheit spiegeln diese Bauwerke exakt die Entwicklung einer – für die Gesellschaft der Renaissance charakteristischen – architektonischen Typologie wider, der in einer Zeitspanne von eineinhalb Jahrhunderten unterschiedliche Funktionen und Bedeutungen zugewiesen wurden.

Die ältesten mediceischen Villen – Careggi, Cafaggiolo und Il Trebbio – ließ Cosimo de' Medici Mitte des 15. Jahrhunderts von Michelozzo erbauen. Ursprünglich waren diese Landsitze antike Festungen, die Verteidigungs- und »Vergnügungszwecken« dienten. Aufgrund ihrer Lage eigneten sie sich für zeitweilige Landaufenthalte, Erholung und Zerstreuung. In der spätmittelalterlichen Literatur werden sie häufig erwähnt. So spielt beispielsweise die Novelle »Decamerone« von Boccaccio in einer dieser Villen:

»Dieser Landsitz lag auf einem kleinen Hügel, nach allen Richtungen ein wenig von unseren Landstraßen entfernt, und war mit mancherlei Bäumen und Sträuchern bewachsen, alle grün belaubt und lieblich anzusehen. Auf dem Gipfel dieser Anhöhe stand ein Palast mit einem schönen und großen Hofraum in der Mitte, reich an offenen Gängen, Sälen und Zimmern, die, sowohl insgesamt als jedes für sich betrachtet, ausnehmend schön und durch den Schmuck heiterer Malereien ansehnlich waren. Rings umher lagen Wiesen und reizende Gärten mit Brunnen voll kühlem Wasser und Gewölben, die reich an köstlichen Weinen waren.«

Bei den Restaurierungsarbeiten konnte Michelozzo die ursprünglichen Strukturen der um einen quadratischen Hof erbauten Anlage sowie deren dekorativen Schmuck erhalten. Als »wunderschönen Palazzo« bezeichnet Galeazzo Maria Sforza die Villa di Careggi, die den Besucher mit einer leicht gewölbten Fassade empfängt. Sie ist mit hängenden, romanischen kleinen Bögen und einem vorkragenden, mit Zinnen bewehrten Dach geschmückt. In einem alten Dokument der Medici wird die Villa di Cafaggiolo als »eine groß gebaute Behausung in Form einer Festung« beschrieben, die »noch weitere Gebäude beherbergt und von gemauerten Gräben, Vormauern und zwei Türmen mit vier Taubenschlägen umgeben wird.« Besonders hervorzuheben sind hier die mittelalterlichen Wehrtürme. Die auf einer Anhöhe erbaute wehrhafte Villa Il Trebbio schließlich, ist von landwirtschaftlichen Gebäuden umgeben und wird von einem breiten und schlichten, eckigen Turm beherrscht. Die von Cosimo I. bewirkte Wiederentdeckung der Villa als Ort der körperlichen und geistigen Erholung in ländlicher Umgebung geht einher mit der humanistischen Idee der Wiederaufnahme und Verherrlichung des Landlebens. In den Schriften der toskanischen Humanisten wird die Renaissance des Landhauses als *locus amoenus* bezeichnet und mit der Wiederentdeckung antiker Klassiker wie Seneca, Plinius d. Ä., Varro, Cato, Martial oder Columella in Verbindung gebracht. Sie heben die Vorzüge geistiger Muse hervor sowie den Lebenswert in freier Natur und die Bedeutung landwirtschaftlicher Arbeit.

In der zweiten Hälfte des 15. Jahrhunderts macht sich Leon Battista Alberti zum Fürsprecher der Landhausidee. Er schreibt darüber ausführlich in seinem Dialog »Famiglia« (Über das Hauswesen). Mit Form und Bedeutung eines Landsitzes beschäftigt er sich in den zwei Traktaten »De re aedificatoria« (Zehn Bücher über die Baukunst) und »Villa«. In seinem Werk »De re aedificatoria«, das 1452 abgefaßt, jedoch erst 1458 veröffentlicht wurde, widmet Alberti diesem wichtigen Bautypus, der sich nicht nur im 15. Jahrhundert, sondern auch im darauffolgenden Jahrhundert behauptete, ein ganzes Kapitel. Für Leon Battista Alberti ist das Landhaus eine wichtige Aufgabe der Architektur. Er empfiehlt sie »für das einfache Vergnügen« und »um all die Annehmlichkeiten, die eine Landschaft zu bieten hat – Licht, Luft, Weite, Panorama – auskosten zu können«. Am Anfang des Kapitels beschreibt er »die allgemeinen Prinzipien für den Bau einer Villa«: Die sorgfältige Wahl des Grundstücks, die Überprüfung geographischer und klimatischer Besonderheiten und die Gewährleistung von Verkehrsverbindungen zu größeren Siedlungen. »Es ist zweckmäßig mit den einfacheren Bauten zu beginnen. Die ländlichen Bauten bieten weniger Schwierigkeiten, da die Reichen auch geneigter sind, Geld in ländliche Bauten zu investieren. Bevor ich jedoch fortfahre, will ich im folgenden kurz einige allgemeine Prinzipien des Landhauses wiederholen: Man vermeide eine Region mit ungünstigem Klima und leicht abrutschendem Erdreich. Als Standort wähle man inmitten einer gesunden Gegend bevorzugt eine wasserreiche und sonnige Region im Schutz der Anhöhen; hier baue man in der gesündesten Zone. Wie man meint, fördert ein rauhes und ungesundes Klima, außer den bereits im ersten Buch erwähnten Nachteilen, auch das Wachstum besonders dichter Wälder, die vor allem aufgrund der harten Bedingungen im Unterholz, hervorgerufen durch den Mangel an Wind und Sonne, reich sind an Bäumen mit bitteren Blättern. Zudem wird der Boden unfruchtbar und ungesund, so daß er lediglich der Holzgewinnung dient.

»Meiner Meinung sollte das Landhaus in der Region des Landes gelegen sein, die der Lage der städtischen Residenz der Herrschaft am zuträglichsten ist. Nach Xenophon soll man sich der Bewegung halber zu Fuß zum Landhaus begeben und zu Pferde zurückkehren. Aus diesem Grund sollte das Landhaus nicht zu weit von der Stadt entfernt und die Straße, die dorthin führt, angenehm und ohne Hindernisse sein, so daß man sie ohne Schwierigkeiten leicht und angenehm, sowohl im Winter als auch im Sommer, zu Fuß oder mit dem Wagen passieren kann, möglicherweise auch mit Schiffen. Von noch größerem Vorteil wäre es, wenn die Straße in der Nähe eines Stadttores läge, so daß man bequemer und rascher, ohne sich umkleiden zu müssen und ohne Aufsehen zu erregen, mit Frau und Kindern Stadt und Landhaus häufig und ganz nach Belieben aufsuchen könne.

»Darüber hinaus ist es von Vorteil, wenn die Villa so angelegt ist, daß die Sonne sowohl am Morgen die Ausgehenden als auch am Abend die Heimkehrenden nicht belästigt. Überdies ist eine verlassene und vernachlässigte Gegend ohne Anziehungskraft kein guter Standort für ein Landhaus. Vielmehr sollte die Gegend die Menschen förmlich anziehen dort zu wohnen und diejenigen, die hier leben, reichlich mit seiner Fruchtbarkeit und seinem milden Klima beglücken und somit ein angenehmes und erfreuliches Leben ohne Gefahren bereiten. Andererseits darf auch keine allzu besuchte Gegend gewählt werden, zum Beispiel in der Nähe einer Stadt, einer Militärstraße oder eines Hafens, in dem zahlreiche Schiffe anlegen, wohl aber ein Ort, der all die Annehmlichkeiten solcher Dinge bietet, gleichzeitig jedoch das Familienleben aufgrund der Verpflichtung der Gastfreundschaft gegenüber zu vielen Bekannten auf der Durchreise nicht stört.«

Anschließend erörtert Alberti die Innengestaltung einer Villa im Landhausstil: Eingang, die Räume der Familie, die Unterkunft des Personals, die Vorratsräume und die Keller. Die sorgfältige Beschreibung der Einzelheiten zeigt sein Interesse an praktischen Problemen und die Rücksichtnahme auf die Bedürfnisse der Bewohner. Zudem enthält die Beschreibung ganz konkrete Kriterien, die Albertis Vorstellungen von Architektur entsprechen.

»Vor dem Eingang des Landhauses lege man einen weiten Platz für die Wettspiele zu Wagen und zu Pferde an, der wesentlich länger als die Reichweite von Pfeil und Bogen sein muß. Innerhalb des Anwesens, in dem für die Öffentlichkeit zugänglichen Teil wird genügend Platz für Spaziergänge, Kutschfahrten und Schwimmen eingeplant, auch gibt es grünbewachsene und sandige Flächen, Laubengänge und halbkreisförmige Anlagen, wo sich die Alten in der lauen Wintersonne unterhalten können und die Familie die Festtage verbringt und wo man im Sommer den erholsamen Schatten genießen kann ... Der wichtigste Teil des Hauses ist der Hof oder das Atrium. Wir nennen ihn gerne ›das Herz des Hauses‹. Danach folgen, entsprechend ihrer Bedeutung, die Speisesäle, dann die Schlafzimmer der einzelnen Personen und schließlich die Wohnräume. Die weiteren Räumlichkeiten werden entsprechend ihrer Verwendung benannt. Das obengenannte ›Herz des Hauses‹ wird das Zentrum sein, auf das alle übrigen kleineren Gemächer, wie auf das öffentliche Forum, im Inneren des Gebäudes münden und wird überdies bequeme Zugänge zu jenen Gemächern und vorzügliche Lichtverhältnisse aufweisen. Dieses Zentrum nimmt immer einen geräumigen, offenen, würdigen und bequem gelegenen Raum in Anspruch ...« »Auf das in der Mitte liegenden ›Herz des Hauses‹ wird sich der Zugang zur Vorhalle öffnen: würdevoll, weder eng noch beschwerlich und genügend erleuchtet. Und es wird auf den ersten Blick eine dem Gottesdienst geweihte Kapelle mit einem Altar folgen, wo der Fremde das Gebet der Gastfreundschaft sprechen und das Familienoberhaut nach seiner Rückkehr von Gott Frieden und Ruhe für seine Familie erbitten kann. Hier wird er die Besucher begrüßen und sich mit Freunden beraten, wenn Entscheidungen zu treffen und andere Fragen zu erörtern sind.

»Die Fenster und Balkone der Säulenhalle ermöglichen es hinauszusehen und je nach Jahreszeit, in der Sonne oder an der frischen Luft zu sein. Martial sagt: ›Die Fenster wehren die winterlichen Winde ab und gewähren dem Sonnenschein und den heiteren Tagen Einlaß.‹ Die Alten zogen es vor, die Laubengänge nach Süden hin zu erbauen, da die Sonne im Sommer einen höheren Stand hat und somit ihre Strahlen nicht einfallen könnten, im Winter jedoch schon. Im Süden liegende Anhöhen erwecken, aus der Ferne betrachtet, nicht immer einen freundlichen Eindruck, da sie auf der dem Betrachter zugewandten Seite von Schatten bedeckt sind und von dem für diese Himmelsrichtung typischen weißen Dunst verdüstert werden. Sind sie aber in größerer Nähe oder gar über uns, verursachen sie Kälte und Nachtfrost. In richtiger Entfernung jedoch, sind sie erfreulich und sehr angenehm, da sie den Südwind abhalten. Nördlich gelegene Berge in nächster Nähe reflektieren die Sonnenstrahlen und schaffen somit wärmeres Klima. In einiger Entfernung gelegen, sind sie sehr vorteilhaft, da in dieser Himmelszone stets reine Luft herrscht; zudem läßt sie das sie umhüllende Sonnenlicht besonders rein und strahlend erscheinen. Östliche, in nächster Nähe gelegene Anhöhen haben kühle Morgenstunden zur Folge, während die westlichen Morgentau mit sich bringen. In mäßiger Entfernung erzeugen die einen wie die anderen eine äußerst reizvolle Atmosphäre.

»Ebenso verhält es sich mit Flüssen und Seen: Sie sind weder allzu nahe, noch zu weit entfernt angenehm. Ebenso ist man bei mäßiger Entfernung zum Meer ungesunden Winden mit salziger Luft ausgesetzt, während das Klima in Meernähe weniger schädlich ist, da es gleichmäßiger und gemäßigter ist. Aus der Ferne betrachtet ist das Meer sehr angenehm und anziehend. Dennoch ist es von Bedeutung in welcher der vier Himmelrichtung das Meer liegt: im Süden bringt es große Hitze, im Osten Feuchtigkeit, im Westen Nebel und im Norden eisige Kälte.

»Vom ›Herz des Hauses‹ gelangt man zu den Speisesälen, die entsprechend ihrer Funktion unterschieden werden: Sie sind einerseits für den Sommer, andererseits für den Winter bestimmt; weitere Säle sind – wenn uns dieser Ausdruck gestattet ist – für die Zwischenzeit bestimmt. Für die Sommerspeisesäle sind vor allem Wasser und das Grün der Gärten erforderlich, für die winterlichen die Wärme der Feuerstelle. Die einen wie die anderen müssen weiträumig, einladend, sauber sein ... Für die Speisesäle benötigt man eine Küche und ein Anrichtzimmer, in dem die Reste der Mahlzeit, das Geschirr und die Tischwäsche aufgehoben werden. Die Küche darf sich weder in nächster Nähe zu den Tischgästen befinden, noch darf sie zu weit entfernt sein, damit die warm zubereiteten Speisen nicht kalt serviert werden. Es wird genügen, wenn den Gästen nicht der leidige Lärm der Küchenjungen, des Geschirrs und der Töpfe zu Ohren kommt. Das Auftragen der Speisen darf nicht den Unbilden des Wetters ausgesetzt sein oder durch schwer passierbare Gänge behindert werden. Auch ist auf die Sauberkeit der Orte zu achten, so daß die Reinheit der Speisen gewährleistet ist.

»Von den Speisesälen gelangt man zu den Schlafgemächern. In vornehmen Häusern gibt es ebenso wie unterschiedliche Speisesäle auch verschiedene Zimmer für Sommer und Winter. In diesem Zusammenhang möchte ich den berühmten Ausspruch Lucullus zitieren: ›Es ist nicht gut, wenn ein freier Mensch unter schlechteren Bedingungen als ein Kranich oder eine Schwalbe lebt.‹ Dennoch will ich die Regeln nicht weiter ausführen und lediglich zu einem wohlüberlegten Maßhalten raten ...«. »Besonders schicklich müssen die Zimmer der Mädchen und Jungfrauen sein, deren sensibler und zarter Geist möglichst ungestört sein sollte. Für die Matrone wird der geeignetste Ort der sein, von dem aus sie alles, was sich im Haus ereignet, beobachten kann. Im allgmeinen ist es jedoch ausreichend, gemäß den überlieferten Traditionen der eigenen Vorfahren zu leben. Der Mann und seine Gemahlin müssen getrennte Schlafzimmer haben, damit die Frau beim Gebären oder wenn sie krank ist den Gatten nicht störe und überdies jeder der beiden nach Belieben, vor allem auch im Sommer, ruhiger schlafen kann. Jedes der beiden Zimmer wird eine eigene Tür haben, darüber hinaus wird es eine kleine Verbindungstür geben, so daß sich beide, ohne von anderen gesehen zu werden, aufsuchen können. An das Zimmer der Ehefrau wird sich der Ankleideraum, das des Gatten die Bibliothek anschließen. Der Großvater, ein Mann in hohem Alter, bedarf der Erholung und Ruhe und wird ein warmes und geschütztes Zimmer haben, zu dem keinerlei Lärm aus dem Haus oder von außen dringt. Es wird vor allem mit einer guten Feuerstelle ausgestattet sein und mit all den Bequemlichkeiten, dessen ein Kranker für Leib und Seele bedarf. Von diesem Zimmer aus wird es einen Zugang zu dem Zimmer mit der Schatztruhe geben.

Im selben Teil des Hauses werden die heranwachsenden Knaben schlafen, während die Mädchen im Ankleideraum und die Ammen im nächsten Zimmer schlafen. Der Gast wird in einem Raum in der Nähe der Vorhalle untergebracht werden, damit er Besucher ungestört empfangen kann und die übrige Familie nicht störe. Die erwachsenen Söhne werden gegenüber, oder zumindest in der Nähe der Gäste wohnen, um gesellschaftliche Umgangsformen zu lernen und zu pflegen. Der Gast wird zudem über ein zweites Zimmer verfügen, das durch eine Tür mit seinem Zimmer verbunden ist und in dem er Dinge verbergen kann, die ihm sehr am Herzen liegen oder Wertsachen aufbewahren kann, die er ganz nach Belieben hervorholen kann. Den erwachsenen Söhnen wird die Waffenkammer dienen, die eine Verbindungstür zu ihrem Schlafgemach haben wird. Die Verwalter, Hausangestellten und Diener werden in von der Herrschaft getrennten Räumlichkeiten untergebracht, wobei jeder über eine würdige und seinen speziellen Obliegenheiten angemessene Unterkunft verfügen wird.«

Nicht nur in seinem Traktat über die Architektur wird der Stellenwert, den Alberti der Villa einräumt, deutlich, sondern auch in seinem anderen Werk mit dem Titel »Villa«. Darin bezieht er sich auf »Werke und Tage« von Hesiod und »De vita rustica« (Vom Landbau) von Cato. Er beschreibt in Latein und in einem trockenen, sachlichen Ton die Schönheit des Landlebens und verweist auf die Vorteile der wiederentdeckten landwirtschaftlichen Tätigkeit.

Cosimo de'Medici schenkte um das Jahr 1462 Marsilio Ficino ein kleines Haus in der Nähe der Villa di Careggi, wo später die berühmte Platonische Akademie gegründet wurde. Hier trafen sich Lorenzo und Poliziano in regelmäßigen Abständen mit einer Gruppe von Dichtern, um den Mythos von Arkadien wiederaufleben zu lassen. Lorenzo, der Careggi über alles liebte, widmete sich liebevoll der Pflege eines botanischen Gartens. Gegen 1490 wurde an der Westseite eine zierliche Loggia mit ursprünglich offenen Bogen angefügt. Der Garten, den der Humanist Braccesi in einem an Bembo gerichteten Brief (gegen 1480) mit den Sieben Weltwundern der Antike verglich, war voller Pflanzen und Blumen aller Art. Außerdem war der Garten der geeignetste Platz für philosophische Gespräche, für Betrachtung und Meditation, für körperliche und geistige Entspannung. Durch Lorenzo wurde die Villa di Careggi der Platz, an dem das humanistische Ideal der Synthese von Kontemplation und Aktion verwirklicht werden konnte. Zwei zeitgenössische Schriftsteller hatten diese Möglichkeit empfohlen: Ficino in seinem Buch »De vita studio sorum« (Über die gelebte Lebensweise) und Poliziano in »Rusticus« (Der Bauer). Fernab der Stadt und ihrem Lärm soll es dem Menschen möglich sein, die Lehre der antiken Denker zu würdigen, die innere Befreiung durch die Musen zu erleben und den Einfluß göttlicher und kosmischer Kräfte zu spüren.

Neben Careggi bevorzugte Lorenzo in den achtziger Jahren des 15. Jahrhunderts einen weiteren Landsitz, die Villa Poggio a Caiano. Sie liegt einige Kilometer von Florenz entfernt an der Straße nach Pistoia und wurde unter den Schutz der Nymphe Ambra gestellt.

Die Villa Poggio a Caiano wurde unter der persönlichen Leitung Lorenzos im Jahr 1485 von Giuliano da Sangallo erbaut. Die Arbeiten waren noch nicht beendet, als Lorenzo Il Magnifico im Jahr 1492 starb. Als Giovanni de'-Medici 1513 zum Papst ernannt wurde, sorgte er dafür, daß das Werk seines Vaters vollendet wurde. Er ließ den großen Hauptsalon umgestalten und beauftragte Paolo Giovio, Fresken zu entwerfen. Nach dem Vorbild des Stanza di Eliodoro im Vatikan sollten sie Ereignisse der römischen Geschichte darstellen und gleichzeitig auf die politischen Leistungen der Medici hinweisen. Im Jahr 1521 malte Pontormo in eine der seitlichen Lünetten im Salon die Sage von Vertumno und Pomona. Die Architektur der Villa Poggio entspricht nicht mehr den Ideen Michelozzos. Giuliano da Sangallo lehnte die Vorbilder des 14. Jahrhunderts ab und entschied sich für die Strenge Brunelleschis. Demnach wird die Villa nicht mehr wie ein mittelalterliches Schloß um einen quadratischen Hof herum angelegt, sondern besteht aus zwei symmetrischen Flügeln, die in der Mitte durch einen querliegenden Bauteil verbunden sind.

Der gesamte Komplex fügt sich harmonisch in die Landschaft ein und gleicht einem leuchtenden Kristall. Eine Gewölbekonstruktion bildet den Unterbau der Villa. Die Fassade ist mit einem Keramikmosaik geschmückt. Die allegorischen Darstellungen verherrlichen das Landleben zu den verschiedenen Jahreszeiten. Sie folgen den Vorstellungen Ficinos, wie dieser sie in einem berühmten Brief an Lorenzo formuliert hatte.

Giuliano da Sangallo ließ sich bei verschiedenen architektonischen Details direkt von klassischen Vorbildern leiten: Bei der Vorhalle und dem Giebel der Fassade, der Gewölbekonstruktion des Unterbaus, den Kassetten des Tonnengewölbes und schließlich beim Grundriß des Hauptraumes. Letzterer entspricht den Plänen einer von Vitruv entworfenen Anlage. Die architektonische Gliederung der Villa folgt dem Rhythmus bestimmter Zahlenreihen, die auf Pythagoras zurückgehen sollen. Poggio a Caiano symbolisiert aber auch mystisch-magische Naturkräfte, die den neuplatonischen Ideen ihrer Bewohner entsprechen. Das wird durch die Gartengestaltung bestätigt. Im Hauptteil des Gartens scheinen tatsächlich die Stationen eines Initiationsritus erkennbar zu sein. Ausgangspunkt ist das Labyrinth, das auf das Suchende des Menschen hinweisen soll, der noch ohne Bewußtsein ist. Von dort gelangt man zu den Brunnen, eindeutige Symbole der zur Erlangung der Wahrheit notwendigen Reinigung. Zum Schluß betritt man das Pavillonhaus. Jetzt ist der richtige Zeitpunkt, um die Natur zu studieren, die das menschliche Bewußtsein schärft.

Giuliano konzentrierte sich bei dem Bau der Villa Poggio a Caiano auf die Realisierung eines Hauses im »antiken Stil«. In ihm sollte man ein Landleben nach humanistischen Idealen führen können. Die Villa Poggio a Caiano liegt inmitten eines ausgedehnten Landgutes. Der eigentliche Bauernhof bildet das Zentrum der Wirtschaftsgebäude. Man darf nicht vergessen, daß im ausgehenden 16. Jahrhundert die Villa als sichere Investition galt, mit der man sich vor den beängstigenden Pleiten der Banken schützen wollte. In der ersten Hälfte des 16. Jahrhunderts forcierte Cosimo I. deshalb den Erwerb von Grundbesitz immer mehr.

In den Villen, die Cosimo I. umbauen oder ganz neu errichten ließ, herrschen zwei Aspekte vor, die bereits in der Villa Poggio a Caiano aufgezeigt wurden. Der kulturelle Aspekt, das heißt der Eigentümer baut einfach aus »Lust« nach antiken Vorbildern, und der praktische Aspekt, wonach ein Landsitz mit den umliegenden Ländereien eine Einheit bilden muß und landwirtschaftlich genutzt wird. Obwohl sie im Zentrum des Landgutes steht, bleibt die Villa des 16. Jahrhunderts jedoch immer völlig getrennt vom landwirtschaftlichen Arbeitsbereich. Dadurch unterscheidet sie sich als Typus grundsätzlich von den Villen des Veneto, die neben dem Wohnsitz des Eigentümers auch die Wirtschaftsräume umfaßte (Kornspeicher, Magazine, Keller, Stallungen usw.). Der veränderte Stellenwert der Natur für den Menschen in der Zeit des Manierismus zeigt sich in der zunehmenden Betonung der Gartenanlage.

In seinem Werk »Die Naturanschauung der Renaissance in Italien« (1924) schreibt Hans Hess: »In dem Naturgefühl der Renaissance leben vielmehr originäre, weltanschauende Kräfte: das neue Toleranzbewußtsein gegenüber allem Individuellen, ein Bedürfnis nach Geltenlassen der Zustände und Existenzen in ihrer eigensten Eigenheit und Insichzentriertheit unter Absehung von allen Rängen und Fremdbeziehungen. Mit beinahe heiliger Scheu nähert sich der Mensch der Renaissance dem bislang degradierten Naturbereiche, den er in seinem inneren Prinzip und Eigenrecht respektiert, teilnahmsvoll schaut er die wundersam zart organisierten Lebendigkeiten und Gewächse an, und alle die aufblühenden, verwelkenden Erscheinungen gewinnen für ihn Sinn und Selbstgenügsamkeit.«

Der Mensch des Manierismus benutzt den Garten, der zu einem festen Bestandteil des Landhauses wird, als Beobachtungs- und Meditationsort. Gleichzeitig aber sucht er in ihm eine Verbindung der gewachsenen mit der umgestalteten Natur.

Im Park und im Garten sieht der Mensch des 16. Jahrhunderts die Möglichkeit, die Geheimnisse der Natur zu entschlüsseln. Deshalb müssen in ihnen alle grundlegenden Bestandteile vereinigt sein: Wasser, Feuer, Luft und Erde.

Zu den Villen, die zur Zeit Cosimos I. restauriert und umgestaltet wurden, zählen unter anderem die nordöstlich von Florenz gelegene Villa di Castello auf dem Morello, La Petraia in der Nähe von Castello und der Palazzo Pitti. Ganz neu errichtet wurde die Villa di Serravezza. Sie liegt am tyrrenischen Meer, in Versilien.

Die Villa di Castello wurde seit dem Jahr 1537 von Tribolo wiederaufgebaut. Die Aufmerksamkeit des Künstlers galt vor allem dem Garten, für den Benedetto Varchi vielleicht den Entwurf lieferte. Nach dem Tod Tribolos im Jahr 1550 führte Vasari die Arbeiten fort, die jedoch erst von Buontalenti im Jahr 1592 beendet wurden. Vasari hinterließ eine Beschreibung der Villa di Castello:

»Die Villa di Castello liegt am Fuß des Morello, unterhalb der Villa von Topaia, die in der Mitte des Hanges erbaut ist. Vor Castello breitet sich eine Ebene aus, die sich auf einer Strecke von eineinhalb Meilen bis zum Arno erstreckt. Und exakt an der Stelle, an der der Berg ansteigt, befindet sich der von Pier Francesco de'Medici nach guten Plänen erbaute Palast. Von dieser Villa hat man eine herrliche Aussicht: Die Fassade ist nach Süden gerichtet, und man überschaut eine große Wiese mit zwei mächtigen Teichen mit fließendem Wasser, welches durch ein von den Römern erbautes antikes Aquädukt geleitet wird, das die Wasser des Marinatales nach Florenz führt, wo sich sein Behälter unter Gewölben befindet. Die vorderen Teiche werden von einer zwölf Ellen breiten Brücke getrennt, die zu einer ebenso breiten Allee führt, die an den Seiten und nach oben hin in einer Höhe von zwölf Ellen von einer dichten Reihe von Maulbeerbäumen beschattet wird. Auf dieser Allee wandelt man eine Strecke von 300 Ellen Länge in angenehmstem Schatten. An deren Ende gelangt man durch ein Tor, das von zwei Brunnen, deren Wasser durstige Wanderer und Tiere laben, eingeschlossen wird, auf die Hauptstraße nach Prato. An der Morgenseite des Palastes liegen wunderschöne Stallungen, an der Abendseite liegt ein geheimer Garten, zu dem man von dem Hof der Stallungen gelangt, wenn man im unteren Geschoß des Palastes geradewegs durch die Loggien, Säle und Zimmer zu ebener Erde geht: Von diesem geheimen Garten aus gelangt man durch ein westlich gelegenes Tor in einen sehr großen Obstgarten, an dessen Ende sich ein Tannenwäldchen anschließt, das die Häuser der Bediensteten und Gärtner verdeckt. Vor dem nördlichen, zum Berg hin ausgerichteten Teil des Palastes liegt eine Wiese, die genauso lang ist wie der Palast selbst, die Stallungen und der geheime Garten zusammen. Von dieser Wiese aus gelangt man über einige Stufen hinab zum Hauptgarten, der von einer einfachen Mauer umgeben ist. Dieser Garten steigt langsam an und entfernt sich so weit vom Palast, daß er von der Mittagssonne beschienen und erwärmt wird als ob der Palast nicht davor stünde. Die Ausläufer des Gartens liegen so hoch, daß man den Palast, die davorliegende Ebene, die Umgebung und gleichwohl die Stadt selbst sehen kann. Inmitten des Gartens erhebt sich ein Wald von hohen dichten Zypressen, Lorbeerbäumen, Heidelbeersträuchern, die kreisförmig angelegt ein Labyrinth bilden. Umringt wird es von zweieinhalb Ellen hohen Buchsbäumen, die so schön und ebenmäßig angepflanzt sind, daß sie wie eine Pinselzeichnung erscheinen. Im Zentrum des Labyrinths erbaute Tribolo, wie weiter unten erzählt wird, auf Weisung des Herzogs einen prächtigen Marmorbrunnen. Am Haupteingang, wo sich die eingangs erwähnte Wiese und die zwei Teiche befinden, wollte Tribolo die Maulbeerbaumallee verlängern, so daß sie auf einer Strecke von mehr als einer Meile bis zum Arno geführt hätte; die übrigbleibenden Wasser sämtlicher Brunnen sollten entlang der Allee in bezaubernden kleinen Kanälen, belebt mit verschiedensten Fischen und Krebsen, langsam bis zum Fluß geleitet werden. An der Frontseite des Palastes (um sowohl das zu sagen, was beabsichtigt und was ausgeführt wurde) wollte er eine Loggia bauen, vor welcher ein offener Hof liegen und an dessen anderem Ende, wo sich die Stallungen befinden, ein dem alten identischer Palast erheben sollte, mit denselben Zimmern und Loggien, demselben geheimen und dem höher gelegenen Garten: Durch diese Erweiterung wäre ein enorm großer Palast mit einer faszinierend schönen Fassade entstanden. Hatte man den Hof überquert, der zum Garten des Labyrinths führt, war man beim ersten Eingang angelangt, wo sich eine große Wiese ausbreitet, und die Stufen emporgestiegen, die zu eben jenem Labyrinth führen, gelangte man zu einem Quadrat, dessen Seiten je dreißig Ellen maßen. Hier sollte, wie es später auch geschehen ist, ein mächtiger Brunnen aus weißem Marmor errichtet werden, dessen Wasser vierzehn Ellen hoch über die Ausschmückungen treiben und am höchsten Punkt sechs Ellen hoch aus dem Mund einer Figur spritzen sollte. An beiden Enden der Wiese sollten zwei Loggien, jede von einer Länge von dreißig Ellen und einer Breite von fünfzehn Ellen, einander gegenüber erbaut werden. In der Mitte einer jeden Loggia sollten innen eine zwölf Ellen große Marmortafel und davor ein acht Ellen großer Wasserbehälter sein, der Wasser aus einer von zwei Figuren gehaltenen Vase erhalten würde. In der Mitte des bereits erwähnten Labyrinths wollte Tribolo durch Ausschmückungen, Wasserstrahlen und äußerst schönen Ruheplätzen rund um den Brunnen dessen Marmorschale, wie es später geschehen ist, um vieles kleiner als die des größten Hauptbrunnens war, und der eine wasserspeiende Bronzefigur erhalten sollte Kunst in vollendeter Form schaffen »Am Ende des Gartens sollte in der Mitte eine Tür sein, daneben zwei wasserspeienden Marmorputten und zu beiden Seiten ein Brunnen. In den Ecken doppelte Nischen mit Statuen, gleich den Nischen der Seitenmauern und Baumgänge, die durch den Garten führen und in verschiedenen Abteilungen mit Laub bedeckt sind. Erwähnte Tür befand sich am oberen Ende des Gartens, und über einige Stufen gelangte man in einen ebenso breiten, zweiten Garten, der jedoch wegen des Berges nicht so tief war. Diesen sollten an den Seiten wiederum zwei Loggien einschließen, und gegenüber der Tür sollte in der Mitte der Mauer, die das Erdreich des Berges abstützt, eine Grotte mit drei Pfeilern und künstlichen Wasserstrahlen entstehen. Ferner sollten zu beiden Seiten der Grotte je ein Brunnen und gegenüber dieser zwei Brunnen in der Gartenmauer, rechts und links der Tür wiederum je ein Brunnen errichtet werden. So würden diesen Garten ebenso viele Brunnen geschmückt haben als den unteren, der von dem höher gelegenen mit Wasser gespeist wird. Auch sollten diesen Garten Orangenbäume zieren, die hier einen geeigneten Ort finden würden und werden, da sie von dem Berg und der Mauer vor dem Nordwind und anderen schädlichen Winden geschützt werden. Von diesem Garten aus führen zwei Steintreppen, eine auf jeder Seite, zu einem schöngeordenten Wald von Zypressen, Tannen, Steineichen, Lorbeerbäumen und anderen immergrünen Bäumen, in dessen Mitte nach einer Zeichnung von Tribolo ein bezaubernd schöner Teich angelegt werden sollte, wie es auch später geschehen ist. Dieser Teil drängt sich allmählich zusammen und bildet einen Winkel, der abgestumpft und deshalb der Breite nach durch eine Loggia umschlossen werden sollte, von wo aus man, nachdem man einige Stufen emporgestiegen war, den Palast, die Gärten und Brunnen, die Ebene und selbst die herzogliche Villa von Poggio a Caiano, Florenz, Prato, Siena, kurz gesagt alles in einem Umkreis von vielen Meilen erblickte.«

Der Garten der Villa di Castello stellt in seiner Gesamtanlage, seinen Statuen, Brunnen, Grotten und Wasserspielen die Naturkräfte, die Tugend und die freien Künste, die Jahreszeiten und die verschiedenen Flüsse und Berge der Toskana dar. Der allegorische Bezug auf die Medici ist eindeutig. Die Verwirklichung ihres Mythos ist die Herrschaft Cosimos. Der

Weg durch den Garten gleicht einem Rundgang durch die Mythologie. Er beginnt bei der Statue des Äskulap und führt weiter zum großen Brunnen des Herakles, an dem neben Tribolo auch Pierino da Vinci, Antonio di Gino Lenzi und Ammannati gearbeitet haben. Er wurde nach hellinistischen Vorbildern aus Marmor und Bronze geschaffen und zeigt den Triumph des Herakles – Cosimo über dem Riesen Antäus, Symbol feindlicher Naturkräfte. Beherrscht wird er vom astrologischen Zeichen des Steinbocks. An den Brunnen schließt sich das Labyrinth an, Symbol der Irrwege des Menschen im Kosmos, seiner fortwährenden beständigen Metamorphose.

Im Zentrum des Labyrinths befindet sich der von Giambologna geschaffene Brunnen »Florenz«, an dem auch Tribolo und Pierino da Vinci mitgearbeitet haben. »Florenz«, eine Allegorie der Venus, siegt über alle menschlichen Irrungen. Venus-Florenz steht im Zentrum des Gartens. Mit Beginn der Regierungszeit Cosimos brach für Florenz ein neues Zeitalter an. Es wurde zum irdischen Paradies. Der Brunnen sollte ursprünglich noch reicher mit zahlreichen Marmorstatuen umgestaltet werden: Die vier Jahreszeiten, die Tugend und die freien Künste, jeweils mit allegorischen Bezügen auf bestimmte Mitglieder der Familie Medici. Vom Brunnen gelangt man zu einem großen Teich mit der Statue des Apennin oder Neptun von Ammannati. Vielleicht soll damit auf die Entstehung des Lebens im Meer angespielt werden. Weiter kommt man zum Brunnen »Asinaio und Falterone«, der eine Grotte mit drei Becken hat. Hier erinnert Tribolo unter Mitwirkung von Giambologna in der mit Tuffstein, Bimsstein, Muscheln und Perlmut inkrustierten Grotte an Orpheus, der nach Ovid die Erschaffung der Tiere am Nilufer besungen hat. Diese Szene wird auch in einem berühmten Bodenmosaik der Spätantike dargestellt.

Die Skulpturen lassen nur eine Deutung zu: In der Grotte, die die Erregung, die Dunkelheit und das Unbewußte symbolisiert, herrscht Cosimo-Orpheus, dessen Präsenz zudem durch ein Einhorn hervorgehoben wird. Das Einhorn gilt als alchimistischer Hinweis auf den Geist des Lebens. Es beherrscht die unkontrollierten Kräfte der Natur, indem es die Lebewesen verzaubert, stellt es Ordnung und Harmonie her.

Der Garten von Castello hat in erster Linie eine Funktion: in ihm verschmelzen Fiktion und Realität, Allegorie und Mythos zu aufregenden Gestaltungen. Mit ihnen schuf der Herrscher ein verklärtes Bild seiner Person und seiner Macht.

Die Villa di Seravezza ist ein weiteres von Cosimo I. in Auftrag gegebenes Bauwerk und liegt an der Küste bei Massa zwischen dem Costa und der Vezza. Sie wird Ammannati zugeschrieben und ist nicht nur eine ländliche Oase, sondern auch Kontrollzentrum für die Arbeiten in den nahegelegenen Marmorbrüchen und Silberminen, die Mitte des 16. Jahrhunderts wiederentdeckt wurden.

Im Jahr 1549 beauftragte Cosimo I. Ammannati mit den Erweiterungsarbeiten des Palazzo Pitti, den seine Ehefrau Elonora di Toledo von Luca Pitti erworben hatte. Er sollte Residenz des fürstlichen Hofstaates werden. Das Konzept der Gartenanlage wurde Tribolo übertragen. Ammannati beschränkte sich bei der Umgestaltung des Palazzo Pitti auf die Gestaltung des Hofes. Seine Grotten und Nischen wiesen große Ähnlichkeit mit vergleichbaren Bauteilen des Palazzo Farnese und der Villa Imperiale di Pesaro auf.

Die Gestaltung des Gartens nach den Plänen von Tribolo wurde anfänglich von Marco del

Tasso (1550–55), später von Ammannati selbst (1555-63) und ab 1569 von Buontalenti geleitet. Erst im darauffolgenden Jahrhundert wurden die Erweiterungs- und Restaurierungsarbeiten unter der Leitung von Alfonso Parigi dem Jüngeren beendet. Die Boboligärten, in deren Zentrum sich der Palazzo Pitti erhebt, waren der Höhepunkt städtischer Gartenanlagen durch die Medici. Das Anlegen von Gärten verschiedenster Größe innerhalb des Stadtgebiets (Garten von San Marco, Garten auf der Piazza Pretoria, ein Garten auf Balkonen des Palazzo Vecchio und die Oricellari-Gärten der Bianca Capello) sicherten den Medici eine ständige Präsenz ihres Machtanspruchs. Der Boboli-Garten, einer der berühmtesten italienischen Gärten in ganz Europa, erstreckt sich hinter dem Palazzo Pitti über einen Hügel. Er reicht bis zur Porta Romana und dem Forte del Belvedere, das Cosimo I. im Jahr 1544 zusammen mit der Palazzina del Cavaliere von Buontalenti erbauen ließ. Der Boboli-Garten stellt den Rahmen des exklusiven Lebens des Fürsten dar. Die Arbeiten an ihm wurden während der Regierungzeit Cosimos I. aufgenommen und größtenteils unter der Regierung Ferdinandos ausgeführt. Durch das funktionale und durchdachte Gesamtkonzept wird der Garten zur Bühne für das Leben des Hofes vor dem Hintergrund verschiedenster »Bühnenbilder«. Ausgangspunkt des ersten Weges ist die Statue Buontalentis, die den Zwerg Barbino darstellt und zu der nötigen Vorsicht mahnt, mit der man einen magischen Ort betritt. Dann gelangt man zu der Grotte Buontalentis, die aus drei Räumen besteht. Im ersten Raum sind Gipsabdrücke der »Sklaven« Michelangelos zu sehen, der zweite Grottenraum enthält Fresken von Poccetti, Statuen von Giovanni del Tadda und eine Marmorgruppe Vicenzo de'Rossis zum Thema Liebe. Den dritten Raum schmückt Giambolognas »Venus«. Im Inneren dieser Grotte entsteht eine gewisse Wahrnehmungsverwirrung, durch die magische Kräfte und der Wunsch nach unkonventionellem Verhalten geweckt werden sollen.

Vom Hof aus führt ein anderer Weg auf der sogenannten Hauptachse zu einem natürlichen Amphitheater und zur Statue der Abbondanza. Das Theater ist das eigentliche Herzstück des Parks. Im seinem Zentrum befindet sich die Statue des Neptun, ein Werk von Stoldo Lorenzi. Vom Neptun-Brunnen aus gelangt man auf einer Allee zu Giambolognas Ozean-Brunnen der inmitten des Isolotto steht. Statuen aus der Schule des Giambologna säumen die Allee.

Die von Cosimo de'Medici begonnene Umgestaltung der mediceischen Villen wurde auch von seinen Nachfolgern Francesco I. und Ferdinando I. fortgeführt. Francesco I. ließ Pratolino, La Peggio, La Magia und Marignolle errichten. Den Auftrag für diese Bauten erhielt der Architekt Bernardo Buontalenti. Er war 1562/63 von Spanien nach Florenz zurückgekehrt und begann sofort mit der Planung des kleinen Belvederepalastes und möglicherweise des Boboli-Gartens. Die Villa di Pratolino – sie wurde leider im 19. Jahrhundert zerstört – ist eines der prachtvollsten Werke des Architekten. In Pratolino griff Buontalenti das von Sangallo für die Villa Poggio entworfene Modell wieder auf, das er manieristisch umgestaltete. Die Aufgänge erinnern an die Ausstattung des von Vignola geschaffenen Palazzo Farnese in Caprarola und die brahmanischen Ausführungen des Belvedere im Vatikan. Das bossierte Portal entspricht noch den Richtlinien Vignolas, die er in seinem Lehrbuch »Regola delli cinque ordini d'architettura« (Lehre von den fünf Säulenordnungen) niederschrieb. Wie in Poggio beruht auch hier der Grundriß auf einer symmetrischen Verteilung der verschiedenen Elemente: Der Korpus der Konstruktion ruht auf einem Fundament, das jedoch, anstatt aus Arkaden, aus einer geschlossen Mauer besteht, deren Inneres mehrere Grotten birgt.

Die Ausschmückung stammt von Giambologna, der gemeinsam mit Vincenzo Danti, Valerio Cioli und Ammannati auch das Konzept der Gartenanlage übernahm. Mit seinen zahlreichen Brunnen und Wasserspielen, teils mit ausgeklügelter Mechanik und märchenhaften Skulpturen, stellt dieser Garten eine unübertroffene Schöpfung dar. Pratolino ist die phantastische Realisierung einer Phantasiewelt, der Sieg über die Materie durch geniale und kunstvolle Erfindungen. In Pratolino lebte der Großherzog seine Leidenschaft für die Wissenschaft, die Alchimie und die Erforschung der Naturgeheimnisse. Er schuf hier einen Zufluchtsort, der von der Kunst beherrscht wurde, einen geheimen Ort, an dem sich der Fürst, ebenso wie in seinem Studio im Palazzo Vecchio, der Illusion hingab, die Geheimnisse der Natur zu ergründen.

In Pratolino trifft man auf alle Elemente, die bei der Gestaltung eines Gartens im 15. Jahrhundert für die Medici von Bedeutung waren. Im Mittelpunkt steht die Villa, eine prunkvolle Architektur, eine Synthese aus Bauwerk und Bildhauerei. Sie ist umgeben von einer Art Symbolnatur: die Wiese, der geheime Garten, der Wald, die plastisch- bildhauerischen Erfindungen, der Brunnen, die Grotte, der Berg und die mechanischen Spiele.

Der Rasenplatz ist zentraler Treffpunkt, geeigneter Ort für den poetischen Dialog. In seiner Mitte ist der Brunnen, rundherum der Wald.

Der geheime Garten ist der mittelalterliche *hortus conclusus*, auf den die Einfriedung und Bepflanzung mit Blumen und seltenen Pflanzen anspielt.

Der Wald stellt die Schutzzone zur Villa dar. Wilder Bewuchs von Steineichen und Zypressen erinnert an die ursprüngliche, unkultivierte Natur. Der Wald ist mit Weihern ausgestattet, die an Bergseen erinnern. Sie dienen aber auch der Wasserspeicherung.

Die entlang der Wege in Verbindung mit Brunnen und Grotten aufgestellten Statuen sind sichtbare Bezugspunkte. Für das Verständnis der Symbolik des Gartens sind sie von großer Bedeutung. Sie sind darüber hinaus eine Art Freilichtmuseum, ein sichtbarer Hinweis der Sammelleidenschaft des Besitzers.

Die Brunnen unterstreichen die fundamentale Rolle des nassen Elementes in der Natur. Mit Hilfe von Wasserspielen werden seine unterschiedlichen Eigenschaften deutlich gemacht: Bewegung, Transparenz, Schnelligkeit, Langssamkeit, Fruchtbarkeit, Spiegelung und die Geräusche des Fließens.

Die Grotten hingegen verweisen auf die archetypischen Bedeutungen des Bauches und der Mutterschaft, des Weltalls und des Irrationalen, des Dunkels und der Intrigen. Das Risiko und das Abenteuer des Lebens finden im Wald und im Labyrinth ihre Entsprechung, was in den zeitgenössischen »Quattro Libri de'labirinti« (Die vier Bücher des Labyrinths) von Lelio Pittoni hervorragend beschrieben wurde.

Der Berg ist der unbewohnte Ort, Höhepunkt der menschlichen Geschichte.

Der Kunstcharakter der Natur und ihre ständige Veränderung werden durch die Verwendung mechanischer Apparate hervorgehoben, die dem Theater, der Bühnentechnik entliehen sind. Auch die Verwendung ausgewählter Materialien, wie Krustenbelag der Grotten, der Marmor und die Metalle der Skulpturen und Brunnen verweisen darauf. Die Mechanik erzeugt Belebung und Überraschung, sie reproduziert auf technischem Weg die in der Natur enthaltene Energie.

Die Gärten der von Cosimo I. und Francesco I. erbauten Villen sind Abbild des Kosmos. In ihrer Symbolik und ihrer Künstlichkeit stellen sie eine Wirklichkeit dar, deren Inhalte nur Eingeweihte verstehen. Es sind Orte, an denen häufig Theatervorstellungen stattfinden. Die Fassaden der Villen, häufiger jedoch die verschiedenen Teile des Gartens, bilden den Hintergrund der szenischen Aufführungen.

Als beispielhaftes manieristisches Kunstwerk steht der mediceische Garten nicht nur für die Flucht des Menschen in die Mythologie und die Phantasie. Er ist gleichzeitig eine esoterische Interpretation der Natur.

Bereits zur Zeit Francescos I. ist der Garten nicht mehr das beherrschende Element der Villa. Besitztümer wie Lappeggi, La Magia und Marignolle fügen sich harmonisch in die Landschaft ein, ohne die »Vermittlerrolle« des Gartens. Er wird entweder verkleinert oder sogar durch eine Grasfläche ersetzt. Die Architektur steht damit in direktem Kontakt mit der ursprünglichen Natur. Buontalenti verbindet in seinen Bauten Elemente des Manierismus (Vignola, Serlio, Michelangelo, Vasari) mit Tendenzen des 15. Jahrhunderts (Brunelleschi, Cronaca). Der Blick auf die Fassade, optische Bezugspunkte bis zum Horizont und Lichtverteilung sind seine Stilmittel.

Außenansicht und steil aufragende Bauten sind ihm wichtig. Deshalb konstruiert er immer wieder Unterbauten und Treppenauflagen. Das vorhandene Gelände nutzt er optimal. Um das Licht möglichst effektiv einzufangen, werden die Wände mit strahlend weißem Verputz überzogen, der eine diffuse Leuchtkraft bewirkt. Da der Verputz auf den geometrischen Oberflächen richtiggehend »schwingt«, werden die Mauerstrukturen nochmals besonders betont.

Lappeggi, auch »La Peggio«, liegt im Norden von Florenz bei Quarrata, am Fuß des Albano. Ihren heutigen Zustand mit dem an der oberen rechten Ecke des Gebäudes angebrachten Taubenschlag verdankt die Villa noch Buontalenti. Ab 1585 baute er die hier schon bestehende Festung um. Marignolle wurde im Auftrag Fancescos I. von Buontalenti erbaut und 1587 dem Sohn Bianca Capellos, Don Antonio de'Medici zugewiesen.

Ferdinando I, Großherzog von 1587 bis 1609, vergrößerte den immensen Immobilienbesitz der Familie durch Umbauten in La Petraia und Ambrogiana beziehungsweise Neubauten in Montevettolini, Colle Salvetti und La Ferdinanda, das auch unter dem Namen Artimino bekannt ist. Die Pläne für die Villa La Petraia, die Cosimo I. seinem Sohn Ferdinand schenkte, werden Buontalenti (1574–1590) zugeschrieben. Die Villa hat einen quadratischen Grundriß und wird im Zentrum von einem Wachturm beherrscht, ein Relikt des früher schon vorhandenen Schlosses. Die Villa Ambrogiana liegt bei Montelupo. Auch sie wird Buontalenti zugeschrieben, der sie in den Anfängen der Regierungszeit Ferdinandos I. erbaute (1587). Hier ist vor allem die Eingliederung des Flusses in die Gartenanlage interessant. Die Villa di Montevettolini stammt aus dem Jahr 1595. Ihr Erbauer war Gherardo Mechini, der einen hier bereits existierenden Felsen in die Anlage integrierte. Die Villa di Colle Salvetti, im Zentrum eines Bauerngutes, ist ein rustikaler Palazzo, dessen Ursprünge auf den Anfang des 15. Jahrhunderts zurückgehen. Die Villa La Ferdinanda schließlich, von Buontalenti in dem Zeitraum zwischen 1594 und 1598 entworfen, ist ein unumstrittenes Meisterwerk. Auf einem ansteigenden Weg mit wechselnden Aussichten gelangt man durch den Garten zur Villa, die sich majestätisch auf einem Unterbau aus Felsen erhebt. Die Fassade ist an beiden Seiten von zwei, leicht nach vorn verschobenen Stüzmauern flankiert. Im Zentrum der Fassade führt eine Freitreppe durch eine kleine säulengetragene Loggia in das Innere der Villa. Bei der Villa Artimino, wie auch in den anderen Villen, die Ferdinando I. erbauen ließ, grenzt die Natur unmittelbar an die Architektur. Der Garten mit Symbolcharakter verschwindet. Die Villa fügt sich direkt in die gewachsene, vom Menschen nicht veränderte Natur ein.

Darüber hinaus ist es von Vorteil, wenn die Villa so angelegt ist, daß die Sonne sowohl am Morgen die Ausgehenden als auch am Abend die Heimkehrenden nicht belästigt. Überdies ist eine verlassene und vernachlässigte Gegend ohne Anziehungskraft kein guter Standort für ein Landhaus. Vielmehr sollte die Gegend die Menschen förmlich anziehen dort zu wohnen und diejenigen, die hier leben, reichlich mit seiner Fruchtbarkeit und seinem milden Klima beglücken und somit ein angenehmes und erfreuliches Leben ohne Gefahren bereiten. Andererseits darf auch keine allzu besuchte Gegend gewählt werden, zum Beispiel in der Nähe einer Stadt, einer Militärstraße oder eines Hafens, in dem zahlreiche Schiffe anlegen, wohl aber ein Ort, der all die Annehmlichkeiten solcher Dinge bietet, gleichzeitig jedoch das Familienleben aufgrund der Verpflichtung der Gastfreundschaft gegenüber zu vielen Bekannten auf der Durchreise nicht stört.«

Das Wappen der Medici mit sechs Kugeln und den Lilien Frankreichs.

Die Villa di Careggi (rechts) liegt auf einem Hügel nördlich von Florenz und ist der älteste und traditionsreichste Landsitz der Medici. Aus dem Besitz der Lippi kam die Villa 1457 an Cosimo den Alten. Er ließ sie von Michelozzo umgestalten und verschönern, wobei der mittelalterliche Charakter einer »Festung« mit Zinnen und Aufbauten erhalten blieb. An der linken Seite des Hauptgebäudes wurde in der Renaissance eine Loggia angebaut. Sie entspricht den humanistischen Vorstellungen von klassischer Architektur und von der Öffnung der Natur. Careggi war der Lieblingswohnsitz Cosimos des Alten und später Lorenzos des Prächtigen, der hier 1492 starb. Die Villa war Treffpunkt der florentinischen Elite des 14. Jahrhunderts: Hier trafen sich Maler, Bildhauer, Literaten und Philosophen von Brunelleschi über Donatello bis Alberti, vom jungen Michelangelo über Pico della Mirandola bis Poliziano. Hier wurde die Platonische Akademie gegründet, die für die Entwicklung der italienischen Kultur so wichtig werden sollte.

Oben die Villa di Cafaggiolo im Mugello, der Heimat der Medici, gehörte zum traditionellem Familienbesitz. Sie stammt aus dem 14. Jahrhundert – noch 1427 wird sie in einer Grundbucheintragung als »festungsgleiche Behausung« beschrieben – und wurde durch Michelozzo 1451 im Auftrag von Cosimo dem Alten restauriert. Dennoch bewahrte sie ihren eigentümlichen Charakter zwischen Villa und Schloß, mittelalterlichem Wohnsitz und Renaissancebau. Der Festungscharakter der Türme, die Zinnenbekrönung und die Pechnasen stehen im Gegensatz zu den vielen Fensteröffnungen im Erdgeschoß und der großen Eingangstür, die mit keiner der traditionellen Schutzvorrichtungen ausgestattet ist. Die Villa, umgeben von landwirtschaftlichen Anwesen, erhebt sich inmitten eines weitläufigen Gutes mit Weinbergen, Obstgärten und Jagdwäldern (links). Sie war ein häufig von den Medici bewohnter Landsitz, und noch im 18. Jahrhundert wurde sie auf Reisen von der Toskana in die Emilia Romagna als Zwischenstation verwendet. Bei Restaurierungsarbeiten im 19. Jahrhundert wurden einige der Säle in »antikem Stil« geschmückt (Seite 20 unten), die Gräben aufgefüllt und der Mittelturm zerstört.

Auf der vorhergehenden Doppelseite: Ansicht der Schloß-Villa Il Trebbio im Mugello-Tal, in der Nähe von Cafaggiolo. Auch an diesem Gebäude ist die Handschrift Michelozzos sichtbar, der hier ab 1451, gleichzeitig mit Cafaggiolo und Careggi arbeitete. Il Trebbio hat große Ähnlichkeit mit den Villen in Cafaggiolo und Careggi. Die Villa ist auf einem Hügel erbaut und von Wäldern umgeben. An ihrer rechten Seite liegt ein kleiner umfriedeter Garten des 15. Jahrhunderts, ein sogenannter hortus conclusus *mit schön angelegten Laubengängen, schmalen Alleen und Beeten.*

Unten die Villa Medici in Fiesole. Diesen »herrlichen und prachtvollen Palazzo«, mit dem Michelozzo »bewies, was die Architektur vermag ... auf der abschüssigen Seite des Abhangs mit viel Kosten erbaut« – so Vasari – ließ Cosimo der Alte für seinen Sohn Giovanni (etwa 1460–1470) erbauen. Er ging später in den Besitz Lorenzos über, der hier Literaten und Philosophen der Platonischen Akademie Gastfreundschaft gewährte. Auf der folgenden Doppelseite eine Lünette Giusto Utens von der Villa di Poggio.

Links oben die Fassade der Villa Poggio a Caiano in der Nähe von Florenz. Über die zweiläufige Treppe gelangt man in die elegante ionische Vorhalle. Links unten Seitenansicht der Villa Poggio a Caiano. Sie wurde auf einer ehemaligen Festung der Familien Cancellieri und später der Strozzi und Rucellai von Giuliano da Sangallo für Lorenzo den Prächtigen ab 1485 erbaut. Das Gebäude hat einen ungewöhlichen Grundriß in Form eines H *und erhebt sich auf einem Unterbau aus Pfeilern und Arkaden. Unten Vorhalle und Details aus dem Keramikfries im »Della-Robbia Stil«, das den Giebel schmückt.*

Die Villa di Poggio, eine der prunkvollsten Besitztümer der Medici, ist für das 16. Jahrhunderts das typische Beispiel einer fürstlichen Villa außerhalb der Stadt. Für den Fürsten ein »Ort der Wonne« und der Zerstreuung im Herzen der Natur. Die Strenge und Schlichtheit der Fassade ist beispielhaft für viele der später erbauten Landsitze der Medici, angefangen von der Villa di Pratolino bis hin zur Villa Artimino. Das Herzstück des Gebäudes ist ein weitläufiger zweigeschossiger Saal (Seite 30) mit einem Tonnengewölbe. Auf Veranlassung von Papst Leo X., Sohn des Magnifico, wurde der Saal mit Fresken geschmückt. Paolo Giovio wählte Themen der römischen Geschichte um auf die Leistungen der Medici zu verweisen: »Die Rückkehr Ciceros nach Rom«, von Franciabigio 1521 begonnen und von Allori 1578 beendet, symbolisiert die Rückkehr Cosimos aus dem Exil (links oben). Alloris Fresko »Siface von Numidien empfängt Scipio, den Sieger von Asdrubale in Spanien« erinnert an eine Reise Lorenzos nach Neapel (Detail links unten). Die von Pontormo 1521 geschaffene Lünette mit »Vertumnus und Pomona« besticht durch ihre Qualität.

Die Abbildung links zeigt ein Detail der Darstellung von »Julius Caesar nimmt Tribute aus Ägypten entgegen«. Auf die Geschichte der Medici übertragen, erinnert dieses Fresko an die Botschaft eines Sultans an Lorenzo den Prächtigen im Jahr 1487. Die mit exotischen und ungewöhnlichen Details überladene Darstellung im manieristischen Stil wurde von Andrea del Sarto 1521 begonnen und von Allori vollendet. Szenen aus der Geschichte und allegorische Darstellungen sind in den effektvollen Rahmen einer Scheinarchitektur eingefügt. Auf der folgenden Doppelseite ist die Villa di Castello in einer Lünette von Giusto Utens dargestellt. Für einen Saal der Villa Artimino malte dieser unbekannte flämische Maler im Jahr 1599 14 Lünetten (Museum »Firenze com'era«) von den großherzoglichen Villen und ihren dazugehörigen ländlichen Besitztümern. Die Landschaft wurde in diesen Lünetten in Vogelperspektive dargestellt, die jedes Detail erkennen läßt. Die Bildfolge ist ein historisches Dokument von großem Wert.

LLO

Oben die nach Florenz ausgerichtete Fassade, unten die Gartenseite der Villa di Castello. Sie liegt am Fuß des Monte Morello. Heute ist die Villa Sitz der Accademia della Crusca (italienische Sprachakademie). Das Bauwerk stammt aus dem 14. Jahrhundert und trug ursprünglich die Bezeichnung »Il Vivaio«.
1480 ging es in den Besitz der Medici über, die daraus einen der schönsten und häufig besuchten Wohnsitz der Familie machten. Nachdem die Villa nach der Absetzung der Medici 1527 ausgeplündert worden war, wurde sie von Tribolo, später von Giogio Vasari und schließlich von Buontalenti restauriert. Später wurde sie von der Familie Lorena erworben und ging dann in den Besitz des Hauses Savoyen über. Seit 1919 gehört das Anwesen dem italienischen Staat. Die Fassade ist in dem für das 15. Jahrhundert charakteristischen Stil – Eleganz mit einfachsten architektonischen Mitteln – ausgeführt. Die Fenster sind mit farbigem Sandstein eingefaßt, das schöne Eingangstor ist mit Bossenwerk umgeben. Auf der anderen Seite des Gebäudes steigt der Garten terassenförmig an. Er wurde ab 1540 von Tribolo geschaffen und ist eines der ersten und typischsten Beispiele eines italienischen Gartens. Wir finden Statuen und Brunnen - wie der von Tribolo und Ammannati.

Links eines der prächtigen Becken, die die künstliche Grotte der Villa di Castello schmücken. Es hat die Form eines klassischen Sarkophags mit Reliefs aus Muscheln und Krustentieren. Die Becken werden Ammannati zugeschrieben, während die »Pyramiden« aus einheimischen und exotischen Tieren von Giambologna und dessen Schülern ausgeführt wurden. Die Skulpturen wurden aus verschiedenen Marmorarten geschaffen und scheinen aus den Becken zu steigen. Die Grotte, Symbol der Natur und ihrer Geheimnisse, war ein Grundthema manieristischer Kunst. Unten der Innenhof.

Auf der vorhergehenden Doppelseite eine Ansicht der Villa della Petraia. Sie wurde am Monte Morello oberhalb der Villa di Castello erbaut. Eine breite Allee verbindet die zwei Besitztümer zu einem einzigen Landsitz. La Petraia, die vormals im Besitz der Brunelleschi und der Strozzi war, gelangte 1532 durch Beschlagnahme in den Besitz der Medici. Die Umwandlung des urtümlichen Schlosses aus dem 14. Jahrhundert in eine Villa geschah zwischen 1575 und 1590 durch Buontalenti, wobei lediglich der Hauptturm erhalten blieb. Er wurde zu einem Aussichtsturm umgestaltet. Die Umbauarbeiten wurden 1631–1632 von Giulio Parigi

geleitet, dessen Einfluß sich möglicherweise auch auf die Gestaltung des italienischen Gartens auswirkte. Tribolo zeichnet für den Entwurf, fertiggestellt wurde er erst im 17. Jahrhundert. Von den Statuen, Brunnen, Weihern und Fischteichen ist der Brunnen des Tribolo am berühmtesten. Giambologna schuf für ihn eine »Venus, die sich ihr Haar auswindet«. Die Statue wurde im 18. Jahrhundert aus den Gärten von Castello hierher gebracht. La Petraia kam über die Familie der Lorena und das Haus Savoyen 1919 in den Besitz des italienischen Staates. Oben und rechts Details der Fresken aus dem Innenhof.

Mittelpunkt der Villa della Petraia ist der mit Fresken geschmückte Hofraum (links). Die Seitenwände schmücken Grotesken des späten 16. Jahrhunderts. Die dazwischenliegenden Seiten des Hofes haben im Erdgeschoß Bogengänge, im ersten Geschoß Loggien. In den Fresken der Bogengänge wurden nach dem Willen von Großherzog Ferdinand II. denkwürdige Leistungen der Medici und der Ordensritter von St. Stefano (1636–1648) dargestellt. Sie tragen die Stilmerkmale des Barock und wurden von Baldassarre Franceschini, genannt Volterrano, ausgeführt. Er war ein außergewöhnlicher Maler der toskanischen Schule, die sich an den manieristischen Vorbildern orientierte. Wie viele andere Repräsentationsräume der Villa wurde auch der Hof im 19. Jahrhundert umgestaltet und als Ballsaal mit einem Oberlicht aus Eisen und Glas versehen. Im 19. Jahrhundert, als Florenz Hauptstadt war, wurde die Villa als Residenz des Hauses Savoyen mit luxuriösem Mobiliar ausgestattet, das bis heute vorhanden ist.

Der Palazzo Pitti in Florenz wurde nach 1455 von Luca Fancelli für Luca Pitti nach den Plänen des Brunelleschi erbaut. Der ursprüngliche Plan bestand aus einem Erdgeschoß mit drei Portalen, zwei weiteren Geschossen mit sieben großen Fenstern und durchlaufendem Balkon und schließlich aus einer niedrigen Loggia als oberen Abschluß. Die Arbeiten wurden etwa 1470 unterbrochen. Es ist nicht sicher, ob der Tod des Eigentümers im Jahr 1472 oder finanzielle Schwierigkeiten der Grund waren. Erst im Jahr 1558 wurden sie wiederaufgenommen, als Eleonora di Toledo, Gemahlin Cosimos I. den Palazzo erwarb und Ammannati beauftragte, die hintere Fassade fertigzustellen. An der Vorderfront ersetzte der Architekt die seitlichen Portale, durch zwei gewaltige Bogenfenster. Der Hauptbau, dargestellt in einer Lünette Giulio Utens (Detail rechts unten), wurde zur Zeit Cosimos II. von Giulio Parigi auf beiden Seiten um drei und zwischen 1640 und 1650, zur Zeit Ferdinandos II., von dessen Sohn Alfonso um zusätzliche fünf Fenster erweitert. Durch Alfonso erhielt die Fassade ihre heutigen Ausmaße.

Nach dem Erlöschen der Medici-Dynastie wollten sich auch die Lorena in dem Palast ein Denkmal setzen. Die zwei Seitenflügel wurden errichtet. Sie bestehen aus Säulengängen und Terrassen. Der südliche Teil wurde 1746 von Giuseppe Ruggieri, der nördliche Teil 1784 von Gaspare Maria Paoletti geschaffen und 1819 von Pasquale Poccianti vollendet. Schließlich wurden auf der Seite des Boboli-Gartens von Paoletti und von Poccianti Veränderungen vorgenommen. Nachdem der Palazzo im Jahr 1860 in den Besitz der italienischen Krone übergegangen war, diente er in der Zeit, als Florenz Hauptstadt war, Vittorio Emanuele II. als Wohnsitz. 1919 ging er als Schenkung in den Besitz des italienischen Staat über, der hier ein Museum einrichtete. Auf der folgenden Doppelseite: Lünette von Giusto Utens. Links über dem Palazzo Pitti ist das Forte del Belvedere zu sehen. Den Hauptteil des Gemäldes nimmt die Darstellung des Parks ein. Der Umstand, daß der Palazzo Pitti zu den »Medici-Villen« gezählt wird, beruht nicht nur auf seiner Lage außerhalb des alten Zentrums von Florenz, sondern vor allem auf der großen Bedeutung, die seinem Garten zugewiesen wird.

BELVED

N PITTI

Links der von Ammannati zwischen 1558 und 1570 geschaffene Innenhof des Palazzo Pitti wird auf drei Seiten vom Gebäude selbst, auf der vierten Seite von einer Terrasse begrenzt. Francesco del Tadda und Francesco Susini errichteten hier die Fontana del Carciofo, den Artischockenbrunnen (auf der Abbildung im Vordergrund). Im Erdgeschoß ist der Innenhof auf den drei Palastseiten von bossierten Halbsäulen umgeben, zwischen denen sich Bogen spannen. In den zwei Obergeschossen wechseln Fenster und Balkone, die von massiven Kranzgesimsen bekrönt sind.

Oben Detail der Decke der Sala di Bona (Saal der Bona von Savoyen) mit einer Allegorie auf Cosimo I. Der Saal befindet sich im ersten Stock des Palazzo und wurde im Jahr 1608 als einer der ersten von Bernardino Poccetti ausgeschmückt. Die Fresken von Pietro da Cortona und Ciro Ferri in den Sälen der Galleria Palatina stammen aus dem darauffolgenden Jahrhundert (1641–1647), die des Sebastiano Ricci in einem kleinen Saal im Erdgeschoß des Palazzo aus dem 18. Jahrhundert (1706–1707).

Die Gestaltung des Boboli-Gartens wurde 1550 von Tribolo begonnen, von Ammannati und Buontalenti weitergeführt und im 17. Jahrhundert von anderen Architekten, unter ihnen auch Alfonso Parigi d. J., vollendet. Der Garten schließt direkt an den Palazzo Pitti an und erstreckt sich auf einer Fläche von 45.000 m². Er ist einer der berühmtesten und prachtvollsten Gartenanlagen Italiens. In die Gartenarchitektur sind architektonische und bildhauerische Elemente integriert. So die Grotte des Buontalenti (links), ein von Poccetti gestalteter bezaubernder Komplex. Früher war die Grotte mit den »Sklaven« Michelangelos geschmückt, die jedoch durch Kopien ersetzt wurden (Original heute in der Galleria dell'Accademia). In der Mitte der Grotte befindet sich die von Vincenzo de'Rossi geschaffene, sehr eindrucksvolle Marmorgruppe »Paris und Helena«. Der Brunnen des Neptun (rechts) besteht aus einem großen Becken, in dessen Zentrum sich ein von Tritonen und Sirenen umgebener Fels erhebt, auf dem eine Bronzestatue Neptuns steht. Sie wurde von Stoldo Lorenzi (1565) geschaffen. Die Piazzale dell'Isolotto (auf den beiden nächsten Seiten) wurde von A. Parigi 1618 entworfen. In der Mitte steht der Brunnen des Okeanus mit der von Giambologna geschaffenen Statue.

Links oben die Villa di Serravezza wurde in der Nähe von Massa im Auftrag Cosimos I. erbaut. Der Herzog hielt sich hier nicht nur zur Erholung auf, sondern auch um die Arbeiten in den nahegelegenen Marmorsteinbrüchen persönlich zu überwachen. Der Entwurf wird Ammannati zugeschrieben. Links unten die Villa di Cerreto Guidi in der Nähe von Vinci. Sie wurde auf den Ruinen eines alten Schlosses erbaut und von Francesco I., der von Buontalenti die gewaltige Eingangstreppe entwerfen ließ, erworben. Rechts die Kapelle der Villa di Pratolino, wenige Kilometer nördlich von Florenz. Die Villa wie auch die Kapelle wurden 1569 von Buontalenti erbaut, 1822 jedoch völlig zerstört. Wie man in der Lünette Giusto Utens (nächste Doppelseite) erkennen kann, war es ein Gebäude von gewaltigen Ausmaßen. Das Gebäude selbst steht auf einem Unterbau, der in seinem Inneren künstliche Grotten barg. Heute ist nur noch das Nebengebäude erhalten.

PRA

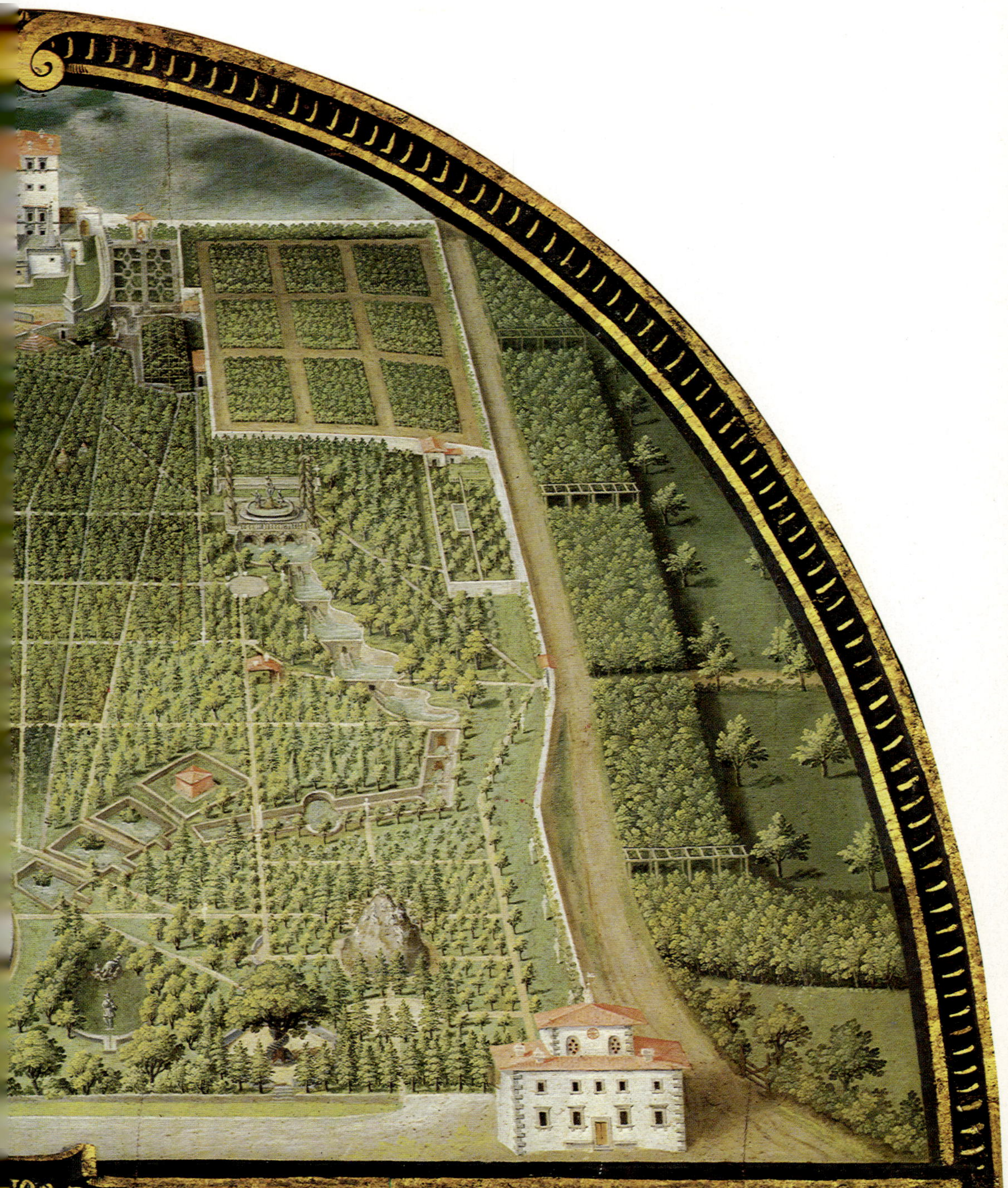

Wie die Villa hatte auch der Park von Pratolino große Ausmaße. Für die Gestaltung des Gartens beauftragte Francesco I. die größten florentinischen Künstler seiner Zeit. Angefangen von Giambologna über Buontalenti bis Ammannati. Das Gebäude steht am Rand eines Hügels. Der Park erstreckt sich über beide Seiten des Abhanges. Der Park wurde durch eine Mauer in den Neuen und den Alten Park unterteilt. Um von dem einen in den anderen Park zu gelangen, mußte man die Grotten im Erdgeschoß der Villa durchqueren.

Hier befanden sich mechanische Apparate und bewegliche, durch hydraulische Vorrichtungen angetriebene Figuren, die Buontalenti entworfen hatte. Er war auch der Erfinder sämtlicher Wasserspiele, die den Park belebten und die Bewunderung der Gäste hervorriefen. Das hierzu benötigte Wasser kam aus einer Quelle des Apennin im Neuen Park. Sie befindet sich an der Stelle, an der Giambologna die mächtige Statue des »Apennin« schuf (rechts). Oben die Freitreppe mit dem Brunnen des Gottes Pan auf einer Terrasse des Gartens unterhalb der Villa.

Die Villa Lappeggi, auch La Peggio, in der Nähe von Grassina (unten) wurde 1569 von Francesco I. erworben. Er ließ sie von Buontalenti umbauen und mit Fresken schmücken. Nachdem sie 1667 auf Veranlassung des Kardinals Francesco Maria de'Medici von Antonio Ferri erneut umgebaut worden war, stand sie bis zum 19. Jahrhundert leer. Sie befand sich in einem derart schlechten Zustand, daß der zweite Stock abgetragen werden mußte, um so die restliche Bausubstanz erhalten zu können. Der heutige Bau hat daher nur wenig gemeinsam mit der ursprünglichen Villa.

Die Villa La Magia di Quarrata (rechts) in der Nähe von Pistoia wurde 1318 von Vinciguerra Panciatichi erbaut. Aufgrund finanzieller Schwierigkeiten wurde sie 1583 von Niccol, einem seiner Erben, an Francesco I. verkauft. Dieser ließ sie von Buontalenti restaurieren. Wie die anderen Villen aus der Zeit Francescos I. hatte La Magia keinen Garten, sondern fügte sich direkt in die sie umgebende Natur ein.

Marignolle, ein altes Besitztum der Familie Sacchetti wurde 1550 an Lorenzo Piero Ridolfi verkauft. Wenige Jahre später wurde es von Francesco I. konfisziert, da Ridolfi vorgeworfen wurde, an der von Orazio Pucci angezettelten Verschwörung teilgenommen zu haben. Diese vom Großherzogtum der Toskana allgemein angewandte Praxis erlaubte es den Medici, ihren Besitz auf Kosten ihrer politischen Feinde erheblich zu vergrößern. Nachdem die Villa (links oben) von Buontalenti restauriert worden war, übergab Francesco I. die Villa Don Antonio de'Medici, dem Sohn Bianca Capellos.

Links unten die Villa di Montevettolini an den Hängen des Monte Albano. Die Villa wurde auf Veranlassung Ferdinands I. 1595 als Aufenthaltsort während der Jagden gebaut. Architekt war Gherardo Mechini, der Reste einer früheren Anlage in das neue Bauwerk einfügte. Oben die Villa Ambrogiana. Sie befindet sich bei Montelupo am Zusammenfluß der Pesa und des Arno. Ferdinand I. veranlaßte kurz nach seiner Nominierung als dritter Großherzog der Toskana im Jahr 1587 den Bau dieser Billa. Architekt ist Buontalenti. Im 19. Jahrhundert wurde die Villa um ein Geschoß erhöht. In die Türme wurden neue Fenster eingebaut, so daß man das ursprüngliche Aussehen der Villa lediglich aus der Lünette von Utens kennt (folgende Doppelseite).

ANA

In Artimino, in der Nähe von Signa, erbaute Buontalenti 1594 für Ferdinand I. ein Jagdschlößchen, das deshalb auch La Ferdinanda genannt wird. Der Herzog, ein passionierter Jäger, zog mit seinem ganzen Gefolge von einem toskanischen Landsitz zum anderen. Sie waren Zwischenstation und herzogliche Residenzen zugleich. Gewöhnlich wurden La Ferdinanda und die anderen Villen des Barco Reale – dem Privatrevier des Großherzogs, das auch Poggio a Caiano, La Magia, L'Ambrogiana, Cerreto Guidi und Montevettolini einschloß – im Herbst bewohnt. Links die Loggia mit den Fresken des Passignano. Rechts der Mittelbau der Fassade; über den Fenstern das Wappen der Medici.

Die Westfront der Villa dell'Artimino. Im Zentrum der Fassade die Loggia mit ihren vier dorischen Säulen, seitlich von zwei Pfeilern und nach oben von einem Architrav begrenzt. Eine Besonderheit dieses schlichten Gebäudes sind die vier Wehrtürme an den Ecken des Gebäudes. Ihre Kanten sind aus grauem Sandstein und gehen auf Vorbilder des vorhergehenden Jahrhunderts zurück. In ihrem Inneren ließ Buontalenti Treppen bauen und Diensträume einrichten. Ein anderes besonderes Merkmal sind die unzähligen Kamine.

CASTITA

Details aus Fresken der Villa La Ferdinanda in Artimino. Die Bilder auf Seite 72 werden Bernardino Poccetti zugeschrieben, auf Seite 73 – Allegorien mit reichem Stuckrahmen – stammen von Gerolamo Passignano. Beide Maler waren wiederholt für die Medici tätig. Sie arbeiteten im manieristischen Stil. Ihre Themen waren die antike Mythologie und die Verherrlichung der Medici. Poccetti arbeitete im Palazzo Pitti und im Palazzo der Bianca Capello, Passignano im Palazzo Vecchio und der Villa Corsini in Mezzomonte.

Die Villa di Poggio Imperiale, nach den ursprünglichen Besitzern Poggio Baroncelli benannt. Cosimo I. de'Medici konfiszierte dieses Gut von den rebellierenden Salviati und schenkte es seiner Tochter Isabella zu ihrer Hochzeit mit dem Herzog Bracciano Giampaolo Orsini, der seine Gemahlin kurz danach ermordete. Er behielt jedoch das Besitztum mit stillschweigender Duldung von Isabellas Bruder, dem Großherzog Francesco. 1616 wurde die Villa an die Großherzogin Maria Magdalena von Österreich verkauft, die sie von Giulio Parigi vergrößern ließ. Heute ist die Villa ein Mädcheninternat.

Inhalt